太陽與生命之樹

愛的覺醒之旅

黃淑文 著　貓魚 繪

太陽與生命之樹

愛的覺醒之旅

黃淑文 著　貓魚 繪

玫瑰綻放，是因為它聽到了什麼。
柏樹長得高大挺拔，是因為愛的祕密在向它低語。

——魯米

獻給女兒——

讓愛長成，如它所是。

〈天上的太陽，愛上一個小女孩〉
欣諭3歲時所繪

如果你渴望愛，就去尋找自己

　　書寫這本書的緣起，是我無意間，看見女兒欣諭畫的一幅畫：〈天上的太陽，愛上一個小女孩〉，有個觸動深深地打進我的心底。

　　愛，是奇妙的。當你愛上另一個人，愛欲的流動和被愛的渴望，便自動催化體內的細胞記憶，上演一幕又一幕的愛戀情節，讓你不由自主地，變身成為故事裡面的主角，展開愛的冒險與追尋。

　　看著女兒的塗鴉畫，我想著，我能不能為女兒創作一本愛之書，讓她來日在感情的路上，少一點坎坷，甚至早一點讀懂什麼是真愛呢？

　　書寫期間，剛好看到一部戲，戲中描述天上的花仙子掌管了一棵生命樹，樹上每片葉子都記錄著每個人的命運。命運是可以修復的，但修復的仙子要有一定的功力和修為。這讓我產生疑惑，修復我們這一生命運的，是天上的神？還是我們自己？究竟誰才是創造者？修復者？

就這樣，太陽的圖騰、生命樹的意象，伴隨著一個母親想獻給女兒一本愛之書的渴望，化為這本書的角色，一個一個住進我的心底。像一株愛的新芽，有時向著陽光成長，有時卻向著生命的深處伸出觸鬚。即使在深處有不可知的危險，有不可碰的陰暗面，超越了一個母親所能守護孩子的界線，這株新芽也要執拗地往前，在失去母親保護的地方，長出他自己，尋找愛的答案。

　　就作者而言，書寫也是探險，發現未知的自己。一開始我的筆是理性的，不管愛的新芽怎麼長，都能如如不動地，觀照每個角色情感的變化。寫到其中一句話：「盡其所能去愛，但在愛裡也有無奈。」我的心卻莫名地疼痛了起來。書，有自己的生命，有它自己想傳達的訊息。因此，我停下筆，靜靜地去聆聽、感受。

　　停筆一段時間之後，我調整了說故事的節奏，重新設計了故事的結尾。讓每個人在不同的心境，進入生命不同的維度空間，對愛的理解和層次不同時，會看到故事不同的結局。讀者不妨多讀幾次，看看是哪一個自己，從不同的維度空間跑出來和你對話。

二〇二〇年出版《所有相遇，都是靈魂的思念》之後，淑文收到不少讀者的來信，講述了他們愛的故事。這本圖文書，延續了《所有相遇，都是靈魂的思念》的愛與守護、遇合與分離、偶然與必然。關於愛，淑文想說的，從來都不只是愛情，而是比愛情更寬更深的愛，甚至於我會期待讀者能回歸愛的本質，用純粹、純淨的心靈愛著自己，愛著所愛的每一個人，甚至愛著一直陪伴我們的山河大地。

　　有一點，我想要提醒讀者的是，所有相遇，的確都是靈魂的思念，但卻不能沉溺於所謂的前世今生。出版《所有相遇，都是靈魂的思念》之後，常有人問我：

　　「淑文那麼喜歡西藏，這輩子卻生在臺灣，會不會少了一點什麼？」

　　每次聽到這樣的提問，我總會莞爾一笑。想想，「如果我那麼喜歡西藏，我的靈魂在擬定出生前計畫時，為何沒有選擇生在西藏，卻生在臺灣？」我在臺灣一定有些什麼，等待著我去完成；我在臺灣的家人、好友，所有來到我身邊的人事物，一定有我今生最需要照顧，最需要圓滿的緣。

讀者的提問，驅動了我書寫這本書的另一個靈感。不管身在何處，生命都是一體的呼喚，我們從來不會因為時間和空間的區隔，而阻礙了生命訊息的流動和共振。會阻礙生命流動的，往往只是個人的情執。

　　雖然這本書寫的不是西藏，但裡面提到的角色，都和西藏有一點相關。朋友曉鴻說，如果淑文的前生曾經在西藏生活，故事裡面的角色，一定曾經深深地陪伴過淑文，如今才能栩栩如生地從記憶裡跳出來，幫淑文圓滿《所有相遇，都是靈魂的思念》沒有講完的故事。

　　西藏的太陽很大，「離太陽最近的西藏」，在清晨、正午、黃昏不同時刻流瀉而出的光芒，的確是淑文創作的養分。我一直深信，每個人的生命都有光，都有能力給出愛，只要用對方法，就可以在愛裡，幸福而美好地活著。

　　正如我們的愛、太陽的光，也是兩面刃。當你愛一個人，愛得太近、太烈，像太陽一樣，把所愛的人燙傷了。或者一不小心，走入一個錯誤的故事裡，分不清愛的真假。抑或者，你正遇到一個所愛的人，一個你曾經

深深思念卻再也不可能相守的人……

　　不管你面對的是親情、友情，還是愛情，都邀請你翻開這本書，跟著太陽一起經歷這段愛的旅程。

　　你會發現，所有太陽愛過的、失落的、重新再拾回來的、點點滴滴烙下傷痕所掉落的淚珠、在愛裡的領悟、淚裡含笑的喜悅，在你與故事中的太陽，光與光交融的剎那間，有一股來自生命底層最初的愛，會悄悄地穿越時空，同步流淌到你的心底。

　　祈願你讀懂那份愛，讀懂你自己，並看見愛的本然面貌。

〈天上的太陽，愛上一個女孩〉
欣諭20歲時所繪

愛透過生命留下痕跡，重新活過

媽媽曾說，她此生最想教會我的，就是愛。

關於理解愛，兒時是一個起點。《太陽與生命之樹：愛的覺醒之旅》的原版故事從一張插圖開始，隨著年紀增長，媽媽用她的方式告訴我愛有好多種模樣、有多少有形無形，累積而來的局限與可能性。

也曾懷疑自己是否足夠值得被珍視、是否有能力好好愛人。媽媽在《太陽與生命之樹：愛的覺醒之旅》突破了一些黑暗神傷的日子，我們的心底都埋藏著愛，只是愛透過生命留下痕跡，在我們的軀體與靈魂之間重新活過。

我想，閱讀這本書的讀者，也將同我一般，懂得感受不同形式的愛，填滿曾稱作是缺憾的縫隙。書裡透出溫暖卻不燙手的光暈，足以照亮往後每個日子。

——淑文的女兒 欣諭

【 溫 暖 推 薦 】

曾寶儀｜主持人‧作家　　　　　蘇絢慧｜璞成健康心理學堂創辦人

鴻鴻｜作家　　　　　　　　　　王意中｜心理治療所所長‧臨床心理師

周志建｜資深心理師‧故事療癒作家　于瑋珊｜編劇‧導演

王榮裕｜金枝演社導演　　　　　　宋欣穎｜導演

黃嘉俊｜黑糖導演‧臺灣藝術大學助理教授　海狗房東｜繪本工作者

‧這是一本很美的書。畫好美，故事也好美。（曾寶儀）

‧本書不僅為讀者們帶來溫暖的支持與愛，同時能讓我們的社會啟發更多靈性的力量和
　信念。（蘇絢慧）

‧太多故事歌頌愛的熾烈，但這個故事，卻直面熾烈的愛被拒絕後，該怎麼辦的問題。
　不只是談情人關係，也是親子關係。（鴻鴻）

‧生命的答案，近在咫尺。在迷惑、渴望的追尋下，「愛」將引領我們往內心裡探索。
　無條件的「愛」，讓心寧靜。（王意中）

‧「從今以後，我們人生在世是為了讓兒女回憶。」導演諾蘭在《星際效應》裡用複雜
　的科學再現親子穿越時空的愛，那作家淑文，則用最簡單的文字，論述親子在生命宇
　宙中交會的愛。（黃嘉俊）

在愛的深處，所有生命都在講述一個共同的祕密。

而這個祕密，就藏在太陽的愛裡……

天上的太陽，發現自己愛上一個女孩。

究竟是出於什麼原因，還是愛一個人根本不需要理由，太陽自己也說不清楚。他一瞧見那個女孩，就想擁有自己的愛情。

日升、日落，春去、冬來，太陽的愛緊緊追隨著女孩。有個夢，老是在他的心頭纏繞著。夢裡，他是個男孩，總是在等待著一個女孩。夢裡有個時鐘，卻沒有數字，時間溶解在一層透明的光裡，好像停止了，卻又不是不動。夢裡的時間，是無法計算的，他唯一能做的，就是等待，在看似漫長卻又停擺的時間裡等待。似乎不管等待的時間有多長，他都確信，一定可以等到他所愛的女孩出現。

「這個女孩，一定就是夢境中的女孩吧！」儘管不曾看過夢境中女孩的容顏，但在每一天的日出，當他瞧見女孩走出家門，沐浴在陽光下的那一刻，他都可以深深感受，現實的時間停佇在他和女孩身上的美好。

太陽再也不願活在夢境中無盡的等待裡，他決定鼓起勇氣，向女孩告白。

沒想到，過於熾烈的陽光，卻差點傷了那個女孩。從此以後，太陽的夢境裡，時鐘消失了，女孩也消失了，夢境裡一片黑暗，什麼都沒有了，所有的等待，都變成一種空無。

這個出乎預料的結果，讓太陽好難過。為什麼他會是一顆太陽？他好討厭自己。他只想當一個普通的男孩，有一個親密的人陪伴。

傷心的太陽，收起自己的光芒，躲了起來。

沒有光芒的太陽，變成一個空蕩蕩的小圓點，躲在天空的一角，他發現自己變得比以前更孤單更寂寞了，豆大的淚珠，沿著他的臉頰滑了下來。

忽然間，有一道柔柔的光芒，輕輕地圍繞著太陽。

太陽抬起頭一看，是個長著翅膀的小精靈，閃動著金色的光芒，一閃一閃的，圍繞著太陽繞圈，像蠶吐絲一樣，把太陽包裹起來。

　　被光圍繞的太陽，就像一個嬰兒躺在金光閃閃的搖籃裡，沒一下子，卻又突然天旋地轉，好像被什麼力量吸了進去，黑壓壓的一片，什麼都看不見了。

「這是什麼地方？」太陽揉揉眼睛，站起身來，眼前出現的，是一棵漂亮的大樹。這棵大樹散發著紅橙黃綠藍靛紫的光芒，仔細一看，七彩的光芒，居然是從大樹身上的葉子，放射出來的。

　　「所有傷心的靈魂，都會被帶來這棵生命之樹。在樹下休息，恢復能量。」

　　閃動著金色光芒的小精靈，漾開笑容，對太陽眨眨眼。

　　「傷心的靈魂？你是怎麼找到我的呢？」太陽抹去臉上的眼淚。

「是你自己發出了訊號，引導我過來的呀！」小精靈鼓動著翅膀。

「我沒有發出任何訊號啊！」太陽回想當時的自己又孤單又寂寞，身邊根本沒有任何朋友。

「是你沒錯，我是沿著你發出的聲音，才飛到你的身旁找到你的。」

「沒有啊，我沒有發出任何聲音。」太陽更困惑了。他沒有說話的對象，怎麼可能發出聲音。

「是你的心發出聲音。」小精靈指著太陽的心窩。

太陽摀著心窩，他沒想到，心也會發出聲音。他問小精靈：「我的心發出什麼聲音呢？」

「愛的振動。」

「愛的振動，是心動的聲音嗎？」想起所愛的女孩，太陽的心總是莫名地躍動著。

「不是這種振動。你在愛裡受傷了，你對愛產生了矛盾。這些矛盾，一來一往地質疑自己，互相吵架、拉扯，出現了裂痕。我聽到你在愛裡受傷，疼痛的聲音。」

聽小精靈這麼一說，太陽彷彿被攤開了心底的祕密，又驚訝又難過，他的心再次疼痛了起來。

「當你的心有了缺口，就會產生縫隙，交互碰撞，在心裡打架，發出聲音。」小精靈說著，用祂的光暖暖地撫觸太陽的心窩。

「真正的愛，是沒有缺口的。不會有矛盾的聲音一來一往地吵架。真正的愛，是安靜的。」

「這就是為什麼我會帶你來到這棵生命之樹的原因。」

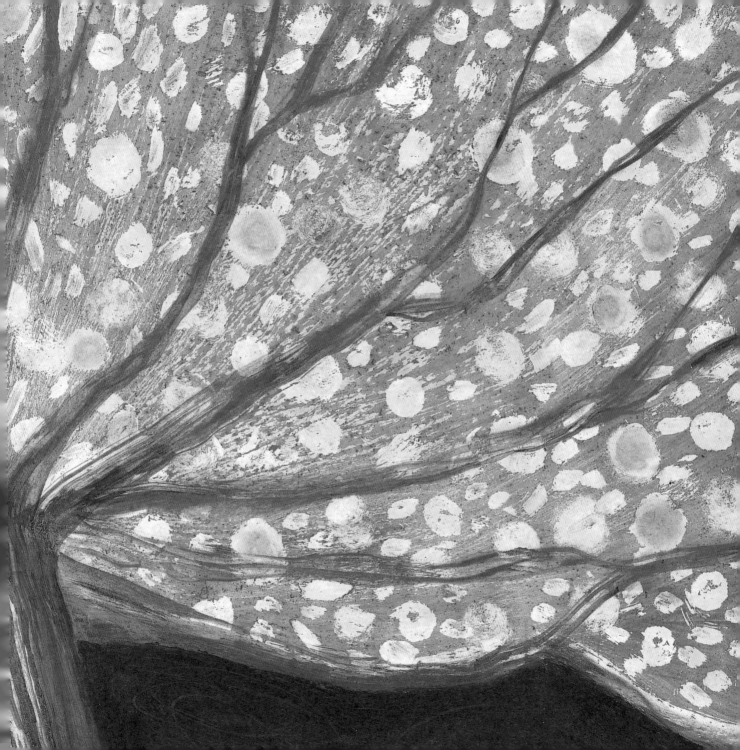

太陽仰望著大樹。仔細一看，每一片彩色葉子的底層，似乎有一層透明的光。光反射了葉子的色彩，像一個電影銀幕，映照出葉子獨特的葉脈和圖騰。

　　「每一片葉子，都代表每一個生命的旅程。」小精靈指著彩色的葉子。然後環繞著這棵生命之樹，飛了一圈，最後停駐在一片葉子上。

　　太陽定睛一看。他的目光被吸進葉子裡面，循著葉脈的線條，像走入自己的生命軌道，他看見自己是一顆太陽，正目視著他所愛的女孩。

　　太陽感覺一陣痛苦。

　　「我不想成為一顆太陽。」他矇住眼睛，不忍再看。

　　「你不想成為一顆太陽，那麼你想成為什麼呢？」

「我想成為一個普通的男孩，跟我所愛的女孩在一起。」

「愛，不是只有兩個人在一起，而是你可以給出什麼。」小精靈頓了一下，看著太陽的眼睛。

「你有沒有想過，為什麼你會成為現在的你？為什麼你不是一隻老鷹、一條蛇，偏偏是一顆太陽呢？」

「總而言之，我就是討厭我身上的光。」太陽搖搖頭，他想著，如果他不是太陽，沒有這麼熾熱的光，他就能擁有更多的幸福。

「你的光，是你渴望成為太陽所發出的光啊。」小精靈指著生命樹上的每一片葉子。「每一片葉子的旅程，都是生命用自己的渴望變現的。」

「你的意思是說，是我自己渴望成為太陽，然後發出這樣的光？」

太陽不敢相信，他所討厭的，不能接受的，這麼熾烈的光芒，居然是來自於自己的渴望？

「想不想知道，為什麼你今生會成為一顆太陽？」小精靈拍打著翅膀，發出溫柔的光芒。太陽的目光再度溶入精靈的光裡，進入屬於自己的那片葉子，循著葉脈的紋路映現出來的生命軌跡，看見自己變成一個小男孩。

　　有一年寒冬，他所愛的女孩被凍死了。他抱著她冰冷的身體，發願來生成為一顆太陽，成為她的光，給她溫暖。

　　「這是我嗎？真的是我嗎？」太陽的心揪成一團，知道這個真相，反而讓他更加失望。他問精靈：「難道我不能後悔嗎？我後悔成為一顆太陽。我想要變成別的。」

　　「為什麼要後悔？難道你不想成為那個女孩的光？不想給她溫暖了嗎？」精靈驚訝地拍打翅膀，祂無法理解太陽為何要違背他當初的誓言。

「這樣的愛，不是我要的。當時的我太衝動了，對愛認識不清楚，以為那樣子才是愛。當我今生再度看見我所愛的人，我所渴望的，已經和上輩子不一樣了。」

　　「你一下子想變成太陽，一下子想變成男孩，這些都是從你自己的角度來看見愛的渴望。你有沒有想過你所愛的人需要一份怎麼樣的愛呢？」精靈很訝異，太陽對愛竟是如此反覆無常。祂決定飛往生命樹上，找到那個女孩的葉子。

　　太陽望著那個女孩的葉子，突然有點害怕去探看那個女孩的人生。

　　他吸了一口氣，慢慢移動他的目光，聚焦在葉子上，卻只看見葉脈上面各種色彩的光影，其他什麼也看不到。

　　「為什麼我無法進入那個女孩的人生？」

　　「你無法從別人表面的人生，進入別人的故事。」

「為什麼？」

「你太執著，只會讓你看見你想看見的。不要把目光放在葉子表面流動的色彩，放下你的執著，從葉子底層的光溶入。」

太陽急切地凝視著葉子底層的光，卻依然無法溶入。於是，精靈射入了自己的光，和葉子底層的光交融成一體。女孩的生命地圖，就像電影畫面一樣直接透射出來。

「那個女孩，一直在等另一個男孩，償還一份愛情。那是她欠他的。圓滿了這份情之後，女孩今生也許不會結婚，結婚不是她今生的功課。」

「女孩所愛的男孩不是我？」太陽再度墜入失望的深淵。

「假如女孩愛的不是你，得不到你想要的愛情，你就否定自己，離她而去了嗎？」

「不是這樣子的。如果今生我不是太陽而是一個男孩，也許我給那個女孩的愛，會改變她今生的藍圖。」 太陽一想到自身炙熱的光，只會把他和女孩狠狠地推開，他寧可變成別的。

「你學到了你該有的功課。自然就不用當太陽。會有別的生命發願當太陽取代你的位置。」

太陽搖搖頭：「在我還沒有學到我該學的之前，我都不能不當太陽嗎？如果我執意不回去當太陽呢？」

「你會後悔，吃更多的苦。一件事沒做好，又去做別的，你會在相同的地方受傷。」

「我寧可痛苦，也不想放棄這份感情。」

「你討厭自己、渴望愛情，卻從來不知道愛是什麼。在愛裡，你選擇痛苦。一個選擇痛苦的生命，能帶給對方幸福嗎？」

小精靈的提醒，深深撞擊著太陽的心。他再度流下眼淚，感到悲傷、孤單。

　　此時，一陣微風拂過太陽的臉龐，生命樹上的葉子突然在各個枝枒間流動，互相置換，葉子上的色澤也開始改變，就像打散的拼圖色塊，重新再排列出新的樣貌。不變的是，葉子底層的光，依舊像一個透明的銀幕，如如不動地映照出葉子的色彩。

　　小精靈閃動著翅膀，再次用金色的光芒，溫柔地把太陽包裹起來。

　　「你身上的光，並不是真正的光。那只是你這一世成為太陽所散發出來的光罷了。

　　「你在這個身分學到的，都會傳輸到這棵生命樹。每一條葉脈，都記錄著每個生命生生世世走過的足跡。你所做的、做錯的、錯過的、學到

的、利益這個宇宙的，以及曾經許過的願望，都會留在你自己的葉子裡面。」

　　太陽抬起頭，看著眼前的生命樹，發現樹上的色彩，時時刻刻都在改變，甚至還可以在樹上自由移動。好像葉子與葉子之間，被某種引力互相吸引著。

　　「葉子上面顯現的色彩，其實是你念頭的光波。你並不孤單。當你在愛裡受傷，那怕只是一個微小的念頭，都會傳遞到生命樹的每一個枝枒、每一片葉子。同樣經歷的葉子，會發出同樣的光波互相吸引，互通訊息。他們自然而然受到波動的牽引，會來到你面前，給你力量。」

　　太陽很好奇，究竟是哪些和他有同樣的經歷的葉子來到他的面前呢？

他在生命樹上找到自己的葉子，赫然看到圍繞在他身邊的，竟是仙人掌、火、月亮，還有蛇。

「生命難免會在愛裡受傷、懷疑、產生困惑。你可以進入他們的光和他們對話。」

小精靈說著，用自己的光包覆著太陽，太陽就像走進一條光的能量通道，在念頭才剛升起的瞬間，就立刻和仙人掌、火、月亮、蛇底層的光連結。被光包覆的太陽，好像融進光裡面。光表面如如不動卻連結著生命與生命之間所有的訊息。

在寂靜的光裡，什麼都知道。

小精靈不見了，走在光的能量通道裡面，太陽感覺自己變透明了，但他依然知道自己是太陽。

　　第一個出現在他面前的，是仙人掌。仙人掌和他一樣都被光包圍著。真切地說，仙人掌和他一樣都是透明的。只是他知道他是仙人掌，仙人掌也知道他是太陽。他們看得見彼此。

　　太陽心想著：「為何剛才我無法溶入光裡遇見那個女孩，卻可以溶入

光裡和仙人掌相遇呢？」

仙人掌看著太陽，揚起嘴角：

「我們對所愛的人，總是放不下執著。但對讀懂我們、了解我們，和我們有同樣境遇的生命，反而比較可以在他們面前卸下執著、敞開心房。」

太陽嚇了一跳，沒想到仙人掌竟然可以讀取他沒說出口的心思。原來在光裡面，可以用意念溝通。

「只要放下執著。生命與生命之間本來就可以心意相通，不需要言語。」

太陽一邊聽，一邊好奇地盯著仙人掌。心想著，他和仙人掌的共同處究竟在那裡呢？

「我的尖刺，和你的灼熱，都讓人無法接近。當你發出受傷的訊息，我馬上就接收到了。生命都是因為互懂，才會彼此靠近。」

仙人掌摸摸自己身上的尖刺，他的動作是那麼地溫柔，彷彿用同等的愛，去疼惜尖刺帶來的傷痕。

　　太陽被仙人掌撫摸尖刺的動作觸動了，他的心，微微顫抖著：「你有想過變成別的嗎？」

　　「有的。我也曾經愛過一個女孩，當我因為身上的尖刺無法親吻她時，我感到沮喪難過。我想要變成一個男孩。」

　　仙人掌望著身上的刺：「在我最傷心難過的時候，來到生命樹下。當我知道，每個生命現在的樣子，都是自己的渴望變現的那一刻，我突然從痛苦中警醒過來。

　　「想想，如果我愛那個女孩，那個女孩也愛我，為何我們今生沒有因為彼此的渴望而成為愛的伴侶？為什麼今生要用她是女孩，而我是仙人掌的形式相遇？這意味著，我們今生各自有不同的人生藍圖，是我們自己選擇用另一種愛的形式來陪伴對方。」

「愛的形式？」太陽從來沒有想過，愛有不同的形式。他一心一意只想得到他想要的。

「愛是尊重。尊重對方有自己的人生選擇。當你懂得尊重對方，就能安住自己。」

原本被光包覆的仙人掌，全身上下突然閃耀著美麗的光輝：

「當我安住自己的身分，活得生意盎然，有一天，我發現我可以從尖刺裡伸出長長的莖桿，開出美豔的花，吸引我所愛的那個女孩的目光。當我所愛的女孩，捧起仙人掌，親吻仙人掌的花朵時，我知道自己今生為何要成為仙人掌。因為那個女孩最愛的花，是仙人掌的花。」

第二個出現在太陽面前的，是火。

太陽知道他和火的共同處，就是提供光與熱能，只是太陽是主動的給予，而火是被動的需要。比起火無法主動給出愛，甚至會帶來災難，「火應該很不喜歡自己吧！」他突然覺得自己這樣的存在還算幸運。

　　他正想跟火打聲招呼，沒想到，火一看到他就直截了當地說：

　　「我喜歡我自己，我沒有想要變成別的。」太陽的心思，這麼快就被火讀到了。他為他自以為是的認定，感到羞愧。

　　「當然，我並不是一開始就喜歡自己，而是經過一段探索的旅程。」火盯著太陽羞赧的臉，又補上了一句。

　　「在別人需要我時，綻放光亮，是我的天職。這種被需要的感覺，讓我感到幸福。」

　　「可是……假如……我是說，假如，有一天你遇到一個你所愛的人呢？當你意識到自己無法主動地給予，而是只能被動地，等著被別人需要，會不會感到難過？」

「我只要在別人需要我時，出現就好了。別人不需要我時，我就歸於空，隱於靜。你沒有看見我，並不代表我消失不見，我還是我，我只是安安靜靜歸隱於火本然的存在而已。」

火說著，停了下來，語重心長地瞧了太陽一眼：

「如果你給出很多愛，卻不是對方真正想要的，這樣的愛，到最後也只是一種負擔。」

火的提醒，讓太陽沉澱下來，有了另一種思考。

他的腦海，迸現出他所愛的女孩身影。一開始，精靈也曾經這樣提醒過他，而他卻怎麼也聽不進去。如今，他卻願意靜下來認真思考：「我可以給她什麼呢？又或者，我要思考她需要的是什麼？」太陽到現在還是說不清楚，為何他一看見她就好像有什麼東西在心裡燃燒。這種對愛的熾烈，或許只有灼熱的火可以理解。可是，火真的有深深愛過一個人嗎？

在光裡面，生命的訊息瞬間就能接通。火馬上讀懂了太陽的心思：

「我愛過一個女孩。只有她在夜晚點亮燭光時，我才能見她一眼。愛情的火苗，在我心底燃燒後，我開始時時刻刻都想見到她，而變得患得患失。我開始討厭自己。為什麼我是火？如果我能變成別的，就能享有更多我想要的愛情。

「但是，當我在愛裡受傷，來到生命樹下，我學到一件事……」火輕輕地閉上眼睛，臉上因為回憶而烙刻出一種深刻的紋路。

太陽拉長了耳朵，好奇著，火在愛裡有什麼樣的領悟，而使他做出了改變。

「我學到，每一個生命來到這個宇宙，都有自己的局限。風有風的局限，雲也有雲的局限。當你變成了雲，就會被風吹著跑；當你變成了風，就註定居無定所。既然萬物都有局限，那麼，不管你變成什麼都不會得到滿足。

「比如，當你變成一個人，你的壽命只有百歲。宇宙瞬息萬變，生死無常，你甚至無法把握，能不能和你所愛的人天長地久地在一起。」

太陽嚇了一跳。他從來沒有想過，做為人的壽命和太陽相比，實在太短了。

「生命有局限，愛就有局限。既然如此，我何不安住於我自己，給出我所能給的。做為火，雖然我無法親吻我所愛的人，但我可以在她最需要我的時刻，即時出現在她眼前，哪怕只是短短的一瞬火光，都是我對她的愛。

「原來，我所經歷的愛，都只是為了幫助我找回自己。」說到這裡，火的臉龐閃耀著愉悅而動人的光輝：

「從此以後，對愛，我不再苦苦追求。愛，反而不求自來。

「我知道，在她最需要我的時候，她會走近我、點亮我。而我，僅僅只是安住自己，盡到了火的天職，就能得到她的愛。每一次，當她把我捧在胸前，深深凝視著燭光；每一次，我用自身的火光，照見她看見我的笑容，我都深深地感受到，做為火本身的存在就是一種喜悅。我終於看見自己的價值。」

「那麼，火所帶來的災難呢？」太陽脫口而出的當下，就感到後悔了。他實在不該在這個時刻，問了一個會讓火傷心的問題。

「這個問題很好。」火看起來似乎不介意，顯然自己深思熟慮地想過。

「火可以燃燒，有些東西需要燃燒清理；黑夜裡的火炬，照亮黑暗，也帶來力量。我的熱鍛鍊了生命，但不可否認，熾烈的火光，有時也會帶來災難。

「以前的我，在災難發生時，常會感到傷心自責。來到生命樹下後，我了解，很多事環環相扣，事出有因，不會無緣無故發生。災難其實是一種提醒，生命只是藉由火來發出警訊罷了。雖然大家都歸咎於火，但災難並不是我造成的。生命要反省的，應該是什麼因素造成災難的發生。」

說到這裡，太陽注意到，很多複雜的心緒一下子衝上了火的心頭。雖說表面上不介意，但畢竟還是戳到了火的痛處。太陽為自己的失言，感到有些過意不去。

「盡其所能去愛，但在愛裡也有無奈。」火吸了一口氣之後，又繼續說：

「做為火，我並沒有把握，有一天我所愛的人發生災難時，我能改變什麼，或真的能夠保護得了誰。這是我的局限，也是我的痛苦。做為火，我生來就是這樣。當我接納自己的脆弱，反而生出真正的勇敢。當我全然把自己想透了，接納自己的痛苦，也看清自己的局限之後，我突然長出新的力量。」

「新的力量？」太陽很訝異，新的力量居然是從接納自己的痛苦和局限之後長出來的。「這份力量究竟是怎麼生出來的呢？」

「從這裡！」火指著太陽的心。「把你的愛放大！」
太陽聽不懂。他摸著自己的心，無法意會過來。

「愛你所愛的人，也愛你所愛的人身邊的一切，就能把你的愛放大。」

太陽還是不懂。一直以來，他的注意力，都只是在他所愛的女孩一個人身上。

　　火笑了。「不管你怎麼愛你所愛的人，你的愛都是有局限的。唯有你把愛放大了，愛你所愛的人，也愛你所愛的人身邊的一切；也唯有這樣，當你所愛的人，身邊充滿了更多的愛與歡笑，她才能得到更多的幸福和保護。

　　「你能給的，不只是愛情，而是比愛情更多更廣的愛。」

　　太陽遇見的第三個，是月亮。

　　比起仙人掌和火，太陽和月亮有更多的共同處。雖然一個在白天，一個在夜晚，但他們都只能孤獨地在天上放光，照看著大地。

「妳會感到寂寞嗎？」太陽看著月亮，突然想到，他這麼渴求一份愛，會不會是因為他太寂寞。

月亮點點頭。「有時，我們可能因為寂寞，才愛上一個人。不過，愛上一個人之後，有可能還是一樣寂寞。」

「這話怎麼說？」太陽問月亮，其實也在問他自己。

「只有深深愛過，才會知道，愛情其實是很主觀的。你可以很任性，不顧一切地愛你所愛，但那只是你自己的選擇。一旦走入愛裡，就像走入一張複雜的情網，有很多是你無法掌握的，苦樂你得自己承受。」

「比如呢？」太陽心想，月亮擁有溫暖柔和的光，不像他灼烈的光一不小心就會傷到他所愛的人。她一定擁有比他更多的愛吧？

「我曾經喜歡過一個男孩，我在每個夜晚用柔美的月光撫觸他的臉，我的溫柔是因為他，我的美麗也是因為他，但他卻從來不看我一眼。無論我變化哪一種身姿，都無法吸引他的目光。他愛的是另一個女孩，除了那

個女孩，他的世界沒有別的。」

月亮那麼溫柔婉約，她所愛的人竟然不願看她一眼，著實讓太陽感到吃驚。至少，他所愛的女孩會在黃昏時，閉著眼睛，享受他在天際落下之前，對她全心全意的守護。雖然他一直不確定那個女孩是否喜歡他，但至少，他知道女孩喜歡夕陽，噢，不只是夕陽，在他清晨從海平面跳出天際，露出臉，發出第一道光芒，女孩總會推開大門，張開雙臂，深深地呼吸。她烏黑的髮絲和她的眼睛，在他溫暖的包覆下，總是閃閃發亮，發出生命的光彩，彷彿眼裡就有一顆小太陽……想到這裡，他突然感到一絲絲的幸福。他好訝異，自己竟然會忘記這些幸福的時刻。

「除了那個男孩，一定還有很多人喜歡妳啊。」雖然月亮無法得到她的愛情，但太陽還是相信，人見人愛的月亮一定擁有比他更多的愛。

月亮搖搖頭：「即使得到很多人的愛，但當我得不到我所要的，憤怒與瞋恨依舊占滿了我的心田。過去人們對我的喜愛，並無法填補我對愛的失落。我的容貌改變了，溫暖善良的光也變質了……」

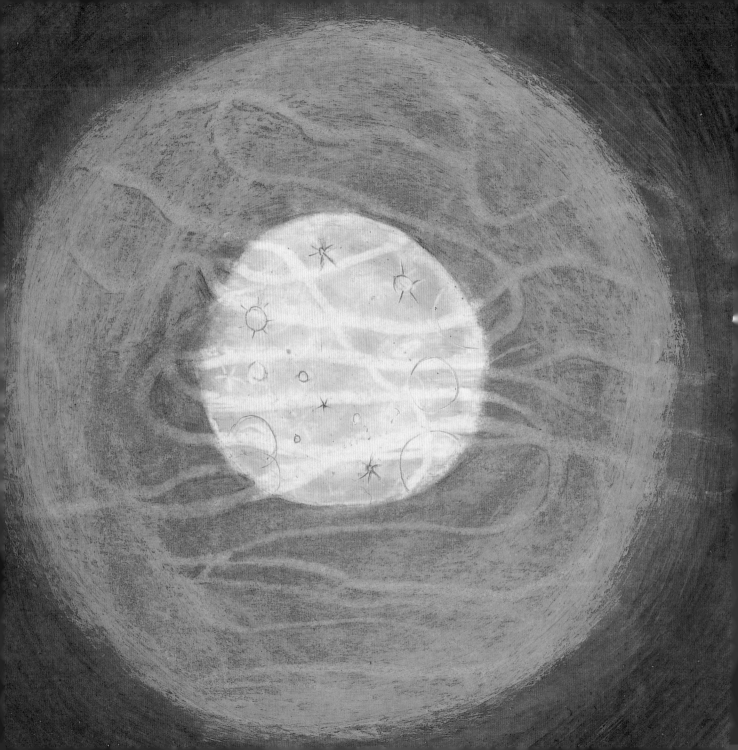

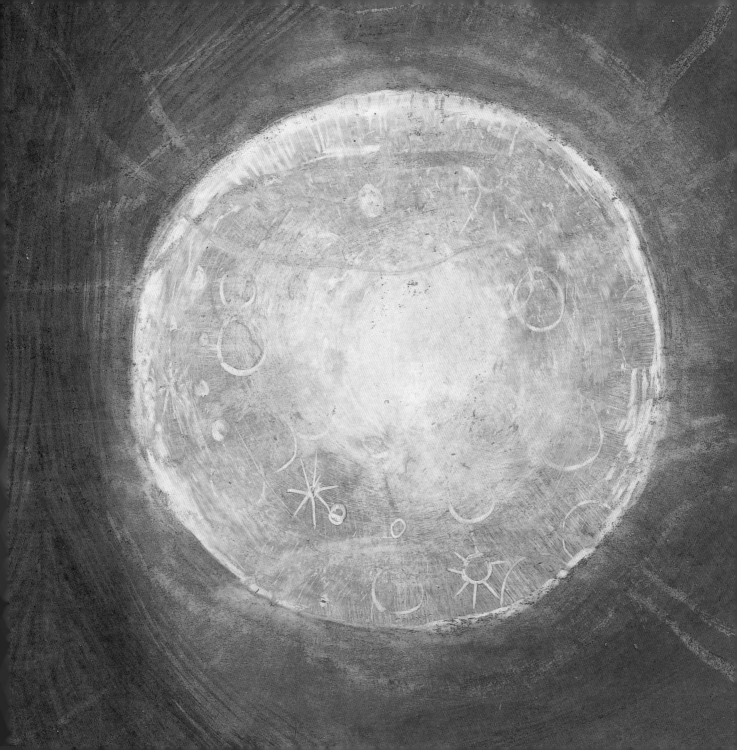

「後來呢？」太陽不敢想像，心碎的月亮接下來會發生什麼事。

「我變成了血月。」

噢，太陽後退了幾步，深深吸了一口氣。他嚇著了。傳說中，血月是至陰至寒之相。血紅色的月亮，會喚醒黑暗的魔力，帶來災難。如月亮所言，愛，真的很複雜，對一個人的愛，竟然會變現出這麼可怕的模樣。

「憤怒與瞋恨，並沒有讓我得到那個男孩的愛，反而讓我失去更多的東西。我在愛裡迷路了。」

太陽想起自己當初為何會來到生命樹下。他完全能明白月亮在愛裡的痛苦和掙扎。他靜靜地聽著，再多的話語，恐怕都無法安慰這樣一顆破碎的心。不如，就安安靜靜當一個聆聽者吧！

「來到生命樹下，修復自己。我只是放空，什麼都不想，什麼也聽不進去。我也不想得到任何答案，我累壞了。一直到離開生命樹，我都沒把握，我會不會再變回本來的自己。」

不同於仙人掌和火，月亮並沒有在生命樹得到任何答案，她只是休息，放空。太陽對月亮後來的際遇，越來越好奇了。

　　「當我重返天際，我的目光仍然忍不住搜尋那個男孩的身影，並沒有放棄對他的愛。我好害怕我會繼續在愛裡迷路，不知道自己這樣活著，究竟是為了什麼？在生命樹下修復沉澱之後，我對他的恨沒有了，也不再期望能得到他的愛，但我變得好寂寞，甚至比以前還要孤單，我的生命似乎失去存在的意義……」

　　太陽聽著，突然想起小精靈。「小精靈，一定會引導妳找回自己吧。」

　　月亮點點頭：「臨別時，小精靈跟我說，當妳不知道下一步要怎麼走時，就閉上眼睛，安安靜靜地祈禱，請求上天給妳一個指引。當妳在內心發出這樣的訊息，和妳有同樣經歷的生命，自然而然會受到牽引，來到妳面前，給妳力量。」

　　「妳遇到誰呢？」太陽忍不住提高音量，那一定是幫助月亮尋回自己

的關鍵時刻。

「一個和我一樣迷路的旅人。我在愛裡迷路，而旅人在黑夜的森林裡迷路了。」

說到這裡，月亮的身旁，突然顯現一個光的銀幕，就像電影一樣，播放出當時的情景。

太陽看見當時的月亮，用力地，一閃一閃發出微光，為旅人指引方向。

迷路的旅人眼睛一亮，依循著月亮的光影，找到了方向。他微笑著，對著天上的月亮，揮揮手，說了謝謝，又繼續趕路。

接著，月亮用自己的微光，在黑暗的大地繼續搜尋。發現還有一個少女，蜷縮身子，獨自在夜裡的河邊，默默地哭泣。

月亮發出柔和的光暈，圍繞著和她一樣在愛裡迷路的少女，用光靜靜

地陪伴她，保護著她。

寂靜的夜裡，月亮的光，好像為少女帶來什麼力量似的，少女的哭聲慢慢停止了。她站起身，打了電話，過了不久，一位老婦人趕了過來，給了她一個大大的擁抱。

月亮瞇著笑眼，轉過身，跟一旁的太陽說：

「以前的我，只是孤獨地在天上放光。一直以來，我也只在意我所愛的那個人。當我知道自己的光，可以為別人做一些什麼，我發現，我的生命改變了。」

月亮一邊說故事，一邊用光照耀著光的銀幕裡面那位趕路的旅人：「或許有一些人，注意到我的存在，會跟我說謝謝。」

接著，月亮又把光停駐在那位在愛裡迷失的少女身上：「即使這位少女不知道我對她的心意，可能一輩子都不知道我曾經這樣默默地守護她。

「但我發現，不管有沒有人看見我、了解我，我的光、我給予愛的能力，一直都在。我這才明白，就算我在愛裡受傷，我仍然有能力給出愛。以前的我，會感到寂寞，是因為我一直沒有察覺到自己的力量罷了。」

月亮收回光的銀幕，說完故事的臉龐，掛著一抹歷經滄桑的微笑。

「原來，愛，是不會消失的。愛，本來就長在自己身上，是我自己限制了愛，關閉了愛。除了愛情，還有其他更寬更廣的愛等著我，那些愛一樣會為我帶來喜悅和滿足。」

「那個妳曾經愛過的人呢？妳還愛著他嗎？」太陽小心翼翼地問。

「走過這個旅程，我最大的收穫是發現自己可以不愛他。真的，當我發現，我可以愛他，也可以不愛他，我終於得到自由了。」

月亮的觀點，讓太陽好驚訝。原來，愛與不愛是自由的。噢，不對，本來就應該是自由的，不是嗎？

「遇見迷途的旅人和少女，讓我看見自己本來就有能力給出愛，從此我就不再依附於對愛的索求。在愛裡，我不再去想，我可以得到什麼？而是去想，我可以給出什麼？我能給予，並不是因為我生命欠缺什麼或我想得到什麼而給予，而是我有能力給予，我的生命本來就有給予愛的能力。

「我發現，不管我所愛的人愛不愛我，我給予愛的能力都不會消失。我可以自由地愛，自由地不愛，也尊重對方有自己的選擇，他可以愛我，也可以不愛我。當我們容許彼此在愛裡，都有自由選擇的權利，便能從愛的綑綁裡解脫了。」

太陽聽著，心裡漲滿感動。突然有個畫面從心頭跳出來。他問月亮：

「當妳回到天上，用光照著在森林裡迷路的旅人，也用光照著在愛裡迷失的少女。妳一下子在光的銀幕裡，顯現過去的妳，一下子又跳出銀幕外，用現在的妳發出光芒，包覆著過去的妳以及旅人和少女。」

「對過去的你而言，現在的你是她的未來。」太陽迷惘了。他一臉困惑，上上下下打量著月亮：

「說故事的時候，妳的光、妳的愛，究竟是哪一個妳發出的？是過去的妳？現在的妳？還是現在的妳和未來的妳一起發出的呢？」

「都是。是過去的我、現在的我，也是未來的我，一起發出的。」月亮笑了。

「發自真心，無所求的愛，會一直存在過去、現在、未來的時空。或許，我們可以這麼說，真愛裡面沒有時間，真愛本身就是永恆。當你發出的愛，不是出於情執，也不是出於某種目的索求，而是發自內心，一份簡單、單純的心意。這麼純粹的愛，反而能夠自由流動，自由穿越，超越時空的限制。」

月亮說著，定定地看著太陽：「我來這裡，其實是為了跟你說謝謝。」

「謝謝？」太陽愣了一下，應該是他要跟月亮說聲謝謝才對。

「謝謝你，在宇宙的天際裡，用你的光，成就了我的光、我的愛。」

太陽整個震懾住了。

在宇宙的天際裡，月亮的光是太陽給予的。即使在最脆弱傷心的時刻，太陽自以為失去發光的能力，再也給不出愛的同時，仍然不自覺地，用星體發光的本能給了月亮光芒，讓月亮用光與愛守護了迷途的旅人和少女。

太陽並沒有失去他的光，也沒有失去他的愛。過去是，現在是，未來也是。

太陽哭了，他一直苦苦尋求的愛，甚至以為已經消失的光，原來還一直長在他的身上，從來沒有消失。

一滴一滴的眼淚，釋放了太陽原本糾結在深處的情結，又像是一種洗滌，洗淨他對愛的誤解與塵垢。

淚眼矇矓中，蛇出現了。

「修復自己的關鍵，在於你回顧過去時，願意解開綑綁在自己身上的繩子，把自己釋放出來，並把現在的光與愛帶回過去。當你願意和過去的自己說說話，了解他怎麼了，願意理解他的痛苦而不是責備和壓抑，過去被鎖住的能量，找到出口釋放後，就會重新流動，帶來新的可能。」

太陽含著淚水看著眼前的蛇，一時想不出，他和蛇有什麼共同點。

蛇讀懂了太陽的心思，馬上蜷曲自己的身子，把頭埋進身體裡面。蜷曲的蛇，就像一條被綑捲起來的繩子。太陽馬上會意過來。

「情執，就像綁在身上的繩子。」太陽破涕為笑。的確，現在的自己，好像解開了繩子，輕鬆了不少。

65

「有時痛苦，是為了把執著打碎，再造一個新的自己，讓自己重生。苦到不能再苦時，往往才懂得放下，或者說，也不得不放下。你的力氣用完了嘛。」蛇鬆開自己的身子，仰起頭，瞇著笑眼，盯著太陽直瞧。

「你也愛過嗎？你是如何從愛的執著中，把自己釋放出來的呢？」

蛇敞開自己：「我曾經喜歡過一個女孩。剛開始，我在愛裡是自卑的，總覺得自己比不上宇宙任何一個生命。大家都不喜歡蛇，連我喜歡的女孩也被我嚇跑，我也覺得自己不值得被愛。直到我來了生命樹下兩次後，我才真正學會什麼是愛。」

「兩次？為什麼你來了兩次？」

「面對自己，是沒有次數的。生命是不斷的學習、進化，因為考驗總是不斷地來，在你以為沒有什麼可以打倒你的時刻，突然從天而降，給你一個措手不及的打擊。在你被打成碎片，感到絕望、意志消沉的時候，上天會給你一個修復的機會，給你一點提醒，什麼是你該丟棄的？什麼是你該放下的？什麼才是你真正要把握珍惜的？來到生命樹下，只是為了幫助

你釐清自己，再繼續走下去。」

　　到生命樹之前，太陽一直覺得自己孤單、悲傷、不被了解。但是來到生命樹下後，內在的確產生不可思議的轉變。

　　「第一次來到生命樹下，我整個狀況很糟糕。我找到生命樹上屬於自己的那片葉子，看到自己的生命旅程，才恍然明白，不斷地蛻皮蛻變，本來就是我們做為蛇的宿命。每一次蛻皮，都要經歷危險，若能平安度過，就能長成更強壯的自己。蛻皮，也是更新自己。如果我渴望被愛，得學會先愛自己。如果我一直自卑，老是覺得自己不夠好，怎麼有辦法給出美好的愛？為了所愛的女孩，我想要活出美好，給她最美好的愛。為了這份愛，我重新燃起活著的希望。」

　　「當你活出了美好，你所愛的女孩有重新愛上你了嗎？」

　　「沒有。」

　　「會不會很失望，再次受到打擊？」太陽想起了月亮，曾經因為得不

到愛情把自己變成可怕的模樣。

「剛開始，的確有一點失望。但後來，我覺得她愛不愛我，或許沒那麼重要了。我愛她，是我的選擇。同樣的，她不愛我，也是她的選擇。我愛她，我勇敢地說出來，是對自己的愛誠實。她不愛我，也是她對自己的愛誠實的表現。」

「為什麼變得那麼豁達？你一心一意不是只想得到那個女孩的愛嗎？」

「的確，我依然渴望得到那個女孩的愛。為了得到她的愛，我變成一條美好的蛇了。這對我而言，就是無比珍貴的禮物。而這個禮物，是我自己帶給自己，也可以說是那個女孩帶給我的。

「你想想，我本來是一條活得很糟糕的蛇，為了這份愛，我傾盡全力，活出自己的美好，吸引很多美好的事物來到我面前。儘管那個女孩依然不愛我，但我覺得為愛努力的這段過程，還是很值得。或許沒有得到那個女孩的愛，還是免不了會難過，但我一點都不後悔。因為，在我過得最

好的時候，我鼓起勇氣跟那個女孩告白。雖然她愛的不是我，但我已經把我的情意傳達給她，盡了我最大的努力，做了所有我可以為她做的，我和她之間沒有遺憾了。」

　　說到這裡，蛇停了下來，全身上下閃動著一種光輝。他的眼睛看著遠方，彷彿還有什麼等著他。

　　「為了得到她的愛，我成為一條美好的蛇，在尋找愛情的同時，我找回美好的自己，看見除了愛情，還有很多美好的事物等著我去追尋。我相信，真正值得我愛的，就在不遠的前方等著我。而我，已經準備好了。」

　　太陽聽了好感動。他不解，既然蛇活出了美好，為何還需要來生命樹兩次呢？

　　「我對愛還有困惑。」蛇挺起身子說。

　　「噢……愛的課題，比我想像中還多很多啊……」太陽在心底想著，

蛇到底要為愛蛻皮多少次呢？

　　「蛻皮真正的意思，其實是放下執著。過於執著，會綁住自己，困在小情小愛，讓原本就有局限的生命，活得更狹隘。當我學習放下執著，把自己消融，一次又一次地蛻皮成長，我長大了，成長了，愛也跟著變寬了。當我被更大的愛包圍著，有時不免會想，不斷地蛻皮，不斷地成長，最後的終點，會是什麼呢？」

　　蛇的困惑，太陽壓根兒沒想過，或許他還沒有自信自己能打破情執。懂了，理解了，跟能不能做到，其實是兩回事。他完全不知如何回應蛇的問號。

　　他愣在一旁，只見得蛇彎起身子，用嘴巴含住尾巴，把自己的身體彎成一個圓。太陽吃驚地發現蛇和他的第二個共同點，竟然是圓。

　　「畫一個圓，從起點到終點，回歸自己，回到原點。來到生命樹下第二次，這個圓，解開了我對生命的困惑。」

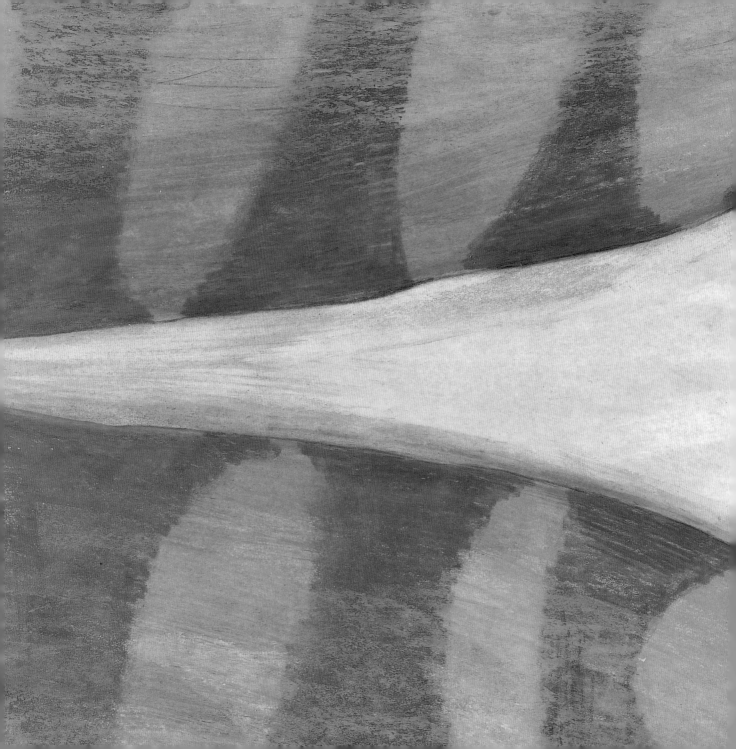

「生命的解答，在圓裡面？我也是圓，走了這麼長的旅程，生命的解答居然在我自己身上。」這個出乎意料的結果，超乎太陽的理解和想像。

　　「沒錯，生命的困惑與解答，其實都在自己的身上。」蛇的眼睛，透射出智慧的光芒。

　　他耐心地跟太陽解釋：「每一次蛻皮，放下執著、消融自己，都像是過去的自己死了一次，又生出新的自己。蛻皮，也象徵我們穿越多次的考驗，在死亡與重生之間，不斷地來回穿梭，增長了自癒的能量和愛人的能力。」

　　原來，蛻皮也象徵跟過去的自己告別，甚至是小小的死亡。過去，太陽也聽說蛇蛻皮，是蛇生長的規律。每蛻一次皮，蛇就長大一次，但也意味著，身心會經歷一次巨大的危機。若是蛻皮沒有成功，極有可能導致體內養分和能量大量流失，甚至死亡；相反的，若是蛻皮成功，身體會因為舊的細胞脫落，更新細胞記憶而整個脫胎換骨。這麼一想，太陽突然對眼前努力蛻皮成長的蛇，升起無比的敬意。

努力成長的蛇，激起太陽的求知欲。他問蛇：「蛻皮成長和圓有什麼關係呢？」太陽也想從自己的身上找出最終的答案。

　　「如果，出生是起點，死亡是終點，死亡之後蛻皮新生又是另一個起點。生命就是『死亡→蛻皮→重生』，不斷在圓裡循環、更新、流動的旅程。這個死亡，可以解讀為過去的自己，也可以解讀為前世的自己。我們生生世世，不斷地生，不斷地死，每一世都有自己蛻皮成長的課題。如果你這一世學會了，完成自己的功課，下一世就可以再換別的主題，變成別的樣子。」

　　太陽想起小精靈對他說過：「你身上的光，並不是真正的光，那只是你這一世成為太陽所散發出來的光罷了。你學到了你該有的功課，下一世自然就不用當太陽，會有別的生命發願當太陽取代你的位置。」

　　「可是，生命若是不斷地『死亡→蛻皮→重生』，一世一世，像圓不斷地循環，不斷地滾動，雖然每一世都有成長，但也可能沒有蛻皮成功，在那一世累積更多的痛苦和瞋恨心，在下一世活得更累更辛苦。生命如果沒有最後的歸屬，只是努力成長卻沒有目標，最後還是會失去方向，活得

像陀螺一樣，把自己搞得又累又茫然啊！」太陽脫口而出後，馬上意識到，這不正是蛇回到生命樹下想要尋找的答案嗎？

「沒錯。」蛇笑了。「你……只要知道你現在在何處，就能找到答案了。」

太陽的心被這句話敲了一下。他環顧四周，看了蛇一眼，又看看自己，他和蛇都是透明的。他馬上找到答案：「我在生命樹，屬於我的那片葉子底層的光裡……」

這個答案顯而易見。從太陽遇見仙人掌、火、月亮，到現在看到的蛇，他們一直都在葉子底層的光裡面。可是這樣子說，好像又不太精準，他好像在仙人掌、火、月亮和蛇葉子底層共同的光裡，但又好像不只如此；更真切地說，他在一個光的能量通道裡面，被一道如如不動的光包覆著。這道光範圍很大，看不到邊際，卻很寂靜、通透，好像什麼都知道，那種知道是一種心意相通，只要念頭一動，就能在光中顯現生命樹上每一片葉子的故事和影像。那些影像是透明的，卻可以用心念看得清清楚楚。你不能說那些影像是真，因為都是透明的，像夢一樣摸不著；不過也不能

說那些影像是假，因為太陽知道，那些影像就像水中的倒影，如實地映照仙人掌、火、月亮和蛇的生命旅程。

太陽抿著嘴，想把在光裡面的感覺說清楚，卻找不到最適合的語言，只好吞進去，鯁在喉嚨，欲言又止。

蛇看著太陽的表情，會心一笑。

「如同精靈告訴你的，葉子上面顯現的色彩和影像，其實是你念頭的光波。你所做的、做錯的、學到的，以及曾經許過的願望，都會記錄在你自己的葉子裡面。

「每一世的你，都在生命樹上屬於你的那片葉子，留下脈絡和足跡。每一世依據你需要學習的課題，你在宇宙會有一個表面的身分印記。你必須知道的是，每一世的你，甚至是現在的你、當下的你，所發出的念頭，哪怕只是一個非常微小的心念，都會傳遞到生命樹的每一個枝幹、葉脈，甚至底下的根莖，像檔案一樣永遠儲存起來。這些檔案會影響你下一世成為什麼樣的你。

「也就是說，成為怎麼樣的你，不是你所愛的人，也不是那些痛苦的磨難幫你決定的，而是你自己的心念和儲存的記憶，造就了現在的你。做為生命樹上的一片葉子，表面上，你只是在完成你自己單一的旅程；事實上，你所做的一切，每一分每一秒的作為和起心動念，都以非常隱微快速的速率，傳到生命樹的全體裡面。」

　　太陽張開嘴巴，不敢相信：「你是說，表面上，我是一個；事實上，我的作為影響了全部？」

　　「沒錯，生命樹顯現的，其實是整個宇宙的縮影。生命是一張網，相互依存，也相互連結。所以，你看到的生命樹，葉子與葉子之間會產生引力，同樣經歷的葉子，會發出同樣的光波互相吸引、互通訊息，甚至來到你面前，幫助你、給你力量。他們這樣做，不只是為了你，也為了生命樹的整體。因為你的一切，影響了生命樹的全部，影響了整個宇宙，他們做為整體的一部分，也會受到影響。」

　　太陽的臉紅了。「你的意思是說，不是只有仙人掌、火、月亮，還有你，接收到我發出的心念，生命樹上所有的葉子，也就是整個宇宙所有的

生命，都接收到我發出的心念？」

「是的，全部都知道。只是仙人掌、火、月亮，還有我，跟你所發出的訊息特別有共鳴，所以自願來到你面前。這跟人類說的，所謂的緣分，是一樣的。有緣的生命彼此之間的引力會特別強，更容易出現在你面前。其他沒有出現在你面前的事物，並不是沒有緣分，只是時間點還沒有到罷了。事實上，你所發出的訊息，整棵生命樹，也就是整個宇宙的生命都知道，而且都記錄下來。」

「如此一來，我生生世世被記錄的，我自己所發出的訊息，不就多到難以計數？」太陽突然意識到心念的可怕。

「也正是如此，生生世世的你，根據你自己儲存的記憶檔案，有不同的學習課題。你執著什麼，放不下什麼，就會變現出你想要學習的影像和故事來到你面前。比如，你放不下恨，就在恨裡面學習愛；你放不下自卑，就在自卑裡找回自信；你過於自大，就會在那一世學習謙卑。命運會改變，前世今生的劇情也未必會循著你留下的足跡上演，因為，每一分每一秒的你都在改變，生命樹上葉子的顏色和波動，時時會隨著你的心念、

成長和領悟，不斷地變化，不斷地生滅。環繞你身邊的事物也會隨著你的心念，來來去去，緣起緣滅。」

「如果……如你所說，生命樹上每一個生命發出的訊息，彼此都知道，每一個生命所做的一切，每一分每一秒的作為和起心動念，都以非常隱微快速的速率傳到生命樹的全體裡面，那麼，為何我不知道，我所愛的人不知道，在愛裡會有那麼多的誤會和折磨呢？」

「沒錯，你知道，你所愛的人也知道。」蛇斬釘截鐵地說，「所有的生命都知道，都會互通訊息，只是你和你所愛的人雜念太多，你們的執著像硬殼一樣阻礙了訊息的接收。在愛裡，如果彼此的心緒是混亂的，怎麼溝通都無法直入對方的心底。事實上，當你發出心念，比較純淨、通透的生命會接收得到，跟你的心念波動相似的生命也比較容易感受到你的波動起伏，因為他們和你有相似的執著，產生等同的波幅和引力，吸引了彼此靠近。這也是為什麼，小精靈會聽到你的心發出訊息來到你的身邊，把你帶到生命樹下，而你會遇到仙人掌、火、月亮，還有我的原因。」

太陽好像有點懂了：「如果有一天，我全部的課題都學會了呢？雖然

這對目前的我有點難，我需要學習的還很多，但是，假如⋯⋯有一天，我該學的全部都學會了，我會怎麼樣呢？」

「你的葉子，會從生命樹上掉下來，溶入生命底層的光裡。」蛇閉起眼睛，沉浸在一種愉悅的滿足裡。

「那個時候，所有痛苦、執著，所有前世今生的牽絆，都像葉子一樣落下了。如你現在所知道的，葉子的波動和色彩，是你自己的心念產生執著抓取不放，變現出來的影像和故事。一旦你學會放下，不再緊緊抓住不放，你的自我全部消融了，不再有任何雜念和情執，你的心清淨了，你的葉子，自然而然，就會從生命樹上脫落，溶入光裡，享受真正的寧靜。」

「每一層葉子的底層，都有一層透明的光。我的光和仙人掌、火、月亮，還有你的光是一樣的嗎？」

蛇點點頭：「是的，我的光和仙人掌、火、月亮，還有你的光是一樣的，不只一樣，而且是相連的。」

「為何每片葉子都不相同，溶入之後卻變成一樣了？」太陽還是似懂非懂。

「葉子的形狀和色彩不同，是因為每個生命的念頭、執著和分別心造成的。當你放下念想、分別心和執著，溶入光裡，所有的痛苦、雜念沒有了，沒有任何矛盾的雜音，只剩下安安靜靜的存在。那個時候，什麼都是透明、平等的，大家都一樣，沒有任何分別，只有一種寧靜的愛。」

太陽終於明白，為何精靈告訴他：「真正的愛，是安安靜靜的。」

「那個時候，你會發現，我們本來就是一體，生命底層的光，本來就是相通相連的，沒有任何分別。」蛇望著太陽，把太陽深深地看入心底。

「你表面的陽光，是你在宇宙的身分。你真正的光，就是你的葉子從生命樹上落下後，溶入生命底層透射出來的光。這種從生命內裡透射出來的光，我們稱為常寂光，是一種安安靜靜、永恆的存在，是你的本體，也是真正的你。」

「真正的我？」太陽沒有想過，現在的自己，居然不是自己。

「這就如同你一路走來所看見的，生命樹上的葉子，有各種顏色和波動，會出現不同的影像和故事；而葉子底層的光，就像一個光的銀幕，能如如不動地映照出你用自己的心念創造出來的故事。做為太陽，你的心念和執著，讓自己一直處於波動的狀態，這些波動創造了你的快樂、悲傷和情執；但在你生命最底層，真正的你，卻是永恆的寧靜，沒有任何雜染。你的本質是通透寧靜的常寂光，可以映照出你自己所有的劇情和故事。這些故事和劇情並沒有影響到真正的你，因為真正的你，通透而寂靜，什麼都知道，卻什麼也不被干擾，只是像光的銀幕一樣，如實地呈現你的心念而已。」

「如果葉子和葉子底層的光是連結的，那麼你說的，這個真正的我，也就是生命底層透射出來的常寂光，和做為太陽的這個我，其實一直都是連結的？」

「沒錯。做為太陽的你和呈現你所有故事的光屏，永遠都是連結的。你悲傷時，你生命底層的光在；你快樂時，你生命底層的光也在。不管你

快樂或悲傷，生命底層的光都如如不動，安安靜靜地陪伴你，只是做為太陽的你，一直被自己的心念和執著所遮蔽，沒有看見自己生命底層透射出來的光罷了。」

「所有生命的底層，都有這樣的光嗎？」太陽突然想起月亮跟他提過的，生命本身就具足愛的能力，這種給出愛的能力是不會消失的。難道月亮所說的，不是他和月亮做為宇宙星體發出的陽光和月光，而是內在生命本體透射出來的光，也就是蛇口中的常寂光，一種生命本有的，安安靜靜，永恆的存在？

「是的，每個生命都有光，都有能力給出愛。只要你回到本體，回到真正的你，就能回到通透寧靜的光，給出真正的愛。」

蛇彎起身子，再次用嘴巴含住尾巴，把自己的身體彎成一個圓。「從起點回到終點，回到生命底層的常寂光，回到原點，回到最初的你，那是你的源頭，也是我們共同的源頭。」

「共同的源頭？你是說，我們都來自寂靜的光？」太陽似乎觸摸到什

麼，打開一層，又深入一層，表面上在重複，卻不知不覺走到了最深處。

蛇的臉龐透射出睿智的光芒：「我們本來就是寂靜的光，那是我們共同的源頭，也是所有生命最初的樣子。只是每個生命因為起心動念，執著的事物不一樣，變現出現在不同的樣子罷了。」

知道這個真相，太陽好驚訝：「你是說，仙人掌本來的樣子是常寂光，火本來的樣子是常寂光，月亮本來的樣子是常寂光，你本來的樣子是常寂光，我所愛的女孩本來的樣子是常寂光，我本來的樣子也是常寂光，一顆小石頭、一隻小螞蟻、一枝草、一朵花、一座高山，甚至是一個聖人、一個惡人，他們本來的樣子都是常寂光？大家本來都是一樣的，只是後來儲存的記憶，彼此的心念、執著、作為不同，才變現成現在的樣子？」

「沒錯，最初的我們都是寂靜、通透的光。在光裡，什麼都是純淨、喜悅的。那樣的愛，沒有分別，也沒有執著，很自然地融成一體。或許，我們可以這麼說，我們是同一股純淨的能量不同的化現。創造我們本體的能量是一樣的，我們本來就是一體。」

太陽驚訝地挺直身子，全身上下被某種力量充滿了：「當我是葉子的時候，我的心念一發出，整個宇宙都知道。我學到所有的課題之後，溶入光，也和大家連成一體。原來，從最初的我們，到現在的我們，從來沒有分開過。在任何時刻，我和所有的生命，其實都是緊緊相連的。」發現這個祕密，太陽幾乎尖叫出聲，他敲敲自己的腦袋：「我怎麼這麼傻，現在才發現。」

　　「是你的分別執著障礙了你啊。障礙移除了，你就什麼都知道了。」蛇的身體露出一種通透的光澤。

　　「不管遇到什麼事，回到真正的你，知道現在的你在何處，就能找到生命的答案。」

　　「知道現在的你在何處，就能找到生命的答案⋯⋯」太陽的耳邊，不斷地重複這句話，像一條隱微的絲線若有似無地牽引著。剛開始，只是細

細柔柔，發出窸窸窣窣的聲音，在耳邊輕輕叫喚著；慢慢地，這樣的呼喚像海浪拍打堤岸的聲音，越來越近，越來越澎湃，直到充塞他整個耳朵。太陽摀住耳朵，腦海中漲滿了各種影像，倏忽之間，他所愛的女孩出現了，許多複雜的心緒蜂擁而上，他覺得全身上下好難受。

「我在哪裡呢？現在的我在哪裡呢？」他的耳朵，不斷迴響著蛇最後的叮嚀：只要知道自己在哪裡，就能找到生命的答案。

「你知道的。你一直都知道……」有個聲音不斷地提醒他。

「我在哪裡呢？現在的我究竟在哪裡呢？」太陽抱著頭努力回想。有道光影，像閃電般竄出來，劃過他的心尖。

「哇！我知道了！」太陽大叫了一聲。

「我一直都在自己的光裡。」

太陽如大夢初醒般醒來。他不清楚發生了什麼事。生命樹不見了，蛇

也不見了。他在宇宙的一角，眼角還懸著眼淚。

他深深地吸了一口氣，回想自己所經歷的一切。他不清楚自己是不是真的被小精靈帶到生命樹下，但生命樹的身影，以及小精靈、仙人掌、火、月亮、蛇對他說過的話，這段神奇的經歷卻栩栩如生地烙刻在他的心底，變成他的一部分。

「知道現在的你在何處，就能找到生命的答案。」這句話還是繚繞在他的耳邊，嗡嗡作響，讓他無法平靜。

「我是葉子底層的光？還是只是生命樹上的一片葉子呢？」回到現實世界的太陽，心裡還是隱隱作痛著。曾經裂開的傷口，好似才剛剛縫合，還沒長出新皮，有些道理雖然明白了，卻不一定做得到。

他搗著心，畫了一個圓，腦海裡冒出蛇含住自己的尾巴，起始與結尾遇合所形成的圓。或許，回到起始點和最初的自己遇合，只要遇合，便能癒合。這是療癒自己的起點。

他慢慢回溯整個過程，心想著，如果，最初的自己，像蛇所說，是寂靜的光，他現在就在自己的光屏裡，所有的一切，都是他自己的心念產生波動創造出來的故事。

他也想起，在生命樹下，進入他所愛的女孩的葉子，看見那個女孩的人生，發現那個女孩今生愛的並不是他，而是另一個男孩。

太陽湧上一陣酸楚，想起月亮走過的旅程。「不管她愛不愛我、有沒有看見我的愛，我給予愛的能力永遠都在，我永遠不會失去愛的能力。」這份愛的能力、能量的源頭，就是蛇所說的，回到起始點、回到寂靜的光、回到本體。

太陽再一次深深吸了一口氣，讓生命的氣息深深地溶入他的心底。他必須花一點時間，整理自己發生的事。

「知道現在的你在何處，就能找到生命的答案。」他再一次畫一個圓，回到自己，回到源頭，去找尋自己的答案。

如果，生命最初的本體是寂靜的光，如蛇告訴他的，是我們的心念、渴望、執著，擾動了原本的平靜，變現出各種故事和劇情，讓他不再是寂靜的光，而變成現在的太陽。

　　生命一旦渴望什麼，就會黏住什麼，讓自己心量變小，失去自由。這就是他成為太陽的原因之一。因為他渴望成為太陽，這個渴望讓他變成太陽之後產生了愛的局限。

　　為什麼他今生會渴望成為太陽呢？為什麼他不是渴望成為男孩，而把自己變現成太陽？他重新回到這個起點。

　　如果……一切都是他自己的心念變現而成的，如果……他真的那麼愛那個女孩，而那個女孩也愛他，如果……他們真的那麼相愛的話，為什麼他們的渴望沒有讓他們在今生成為伴侶？難道，他和他所愛的女孩，今生還有比他們成為伴侶更重要的事必須去償還？或者還有別的功課需要學習？抑或者，那個女孩今生對愛有不同的選擇？

　　想到這裡，太陽的心底依然有些難過。他發現自己仍然愛著那個女

孩，他還是有愛的渴望。

「難道活著，就不能有愛的渴望嗎？」如果他再次回到生命樹下，仙人掌、火、月亮和蛇，會給他什麼答案呢？

「生命難免有渴望。誰在愛裡面，沒有渴望呢？」驀然有個聲音，在太陽的心底響起。

「生命可以有渴望，但不要在愛的渴望裡產生執著，傷了自己，也傷了對方。這才是這段旅程，我所學到的。」太陽給了自己答案。

他想起火和仙人掌，在愛的渴望中，看見自己的局限，安住於自己的天職，擴大了自己的愛。他也想起蛇，為了所愛的人，因為愛的渴望，活出最美好的自己，就算那個女孩愛的依然不是他，此生也不再有遺憾。

太陽從心底生出新的力量：「就算我曾經在愛裡受傷，我還是有能力給出我的愛，我的愛還是有價值的。安住今生，安住我是太陽的身分，盡到自己的天職，學到我該學的。或許我可以像月亮一樣，在愛裡得到真正

的自由。」

　　他突然想重返天際，完成他一直未完成的旅程。不管他的過去世，有沒有答應女孩成為太陽給她光、給她溫暖，他重返天際，不僅僅只是為了守護那個女孩，而是為了他自己。

　　他終於懂了蛇說的：「知道現在的你在何處，就能找到生命的答案。」原來生命的困惑與解答，真的都在自己的身上。

　　「現在的我，是太陽，也是自己的光。我是生命樹上的葉子，也是葉子內在底層的光。葉子一直在波動，因為生命一直在創造自己的故事。我要回到我內在的光屏，重新創造我自己。」

　　太陽的心亮了。如同蛇一遍又一遍提醒他的：「你和所有的生命都相連，你和所有的光都相連，你要記得你的本體是寂靜的光，你和本體從來沒有分開。在你的內心深處，你什麼都知道，你只是被自己的執著障礙而已。和你最深的知道連結，就能找到生命的答案；和你內在的光連結，就能生出真正的能量，療癒你自己。」

或許，生命樹是自己變現出來的，或者是像小精靈一般通透的靈魂接收他受傷的訊息，把他帶到生命樹下。不管是哪一個答案，太陽都知道，生命是一體，「是一個自己」，最終都是自己陪伴了自己。

　　太陽流下領悟的眼淚。他的腦海裡再次迸現出生命樹，屬於他自己的，還有仙人掌、火、月亮、蛇的葉子，他們一起走過的旅程。也看到生命樹上，有一片閃閃發亮的葉子，那是記憶的光波，也是生命底層的光波透射出來的愛。或許是她，他一直深愛的女孩，把他帶到這裡，直到他看見自己的光。在這個被眼淚洗滌心靈塵垢，和內在的光融合成一體的剎那間，他終於看清楚，一直在他夢中出現的那個女孩的臉。真的是她，他一直想擁有的愛情。

　　太陽的眼淚再次奪眶而出。他憶起那個女孩沐浴在陽光下美麗的容顏。他想為了那些美好活著，為了這份愛，他想活出所有的美好。他怎麼能活在傷心裡？

　　他想起，當初怎麼也無法進入女孩的葉子讀取她的人生，那是因為當時的他太執著了。情執像一個內在的殼，阻礙了內在光與光之間訊息的傳

遞。可是，他問現在的自己，如果再讓他回到生命樹下，他卻一點也不想從生命樹上知道更多關於那個女孩的事了。

現在的他已經知道，如果他和那個女孩，都是生命樹上的一片葉子，他和她的生命旅程，會隨著葉子發出的念波和色彩，不斷地變化。生命的故事，不是絕對的。生命會改變，緣起、緣滅，會隨著自己的心念不斷地變動，那麼，他又何必把自己困在最後的結局裡？

「或許，我無法改變她對愛的選擇，卻可以創造我自己。如果我真愛那個女孩，我得先活出美好的自己。假如我一直認定自己缺少愛，為了得到愛才給出我的愛，那麼我對她的愛就只是一種欲求和索取，而不是真正的給予。這就是為什麼我過去會在愛裡難過、受傷。相反地，如果我給出的愛，是從生命的本然，從我生命底層的光自然流露出來的，那麼我給出的愛，就是一種喜悅，一種永恆。

「生命是生生世世，永恆的陪伴，而不是拘泥於這一世的身分。不管我是太陽、不是太陽，我給出的愛都是一樣的。」

真正的愛，是安安靜靜的。而且，沒有任何條件。

太陽靜靜待在宇宙的一角，因為一次又一次地釐清與領悟，從內裡透射出新的光澤。

　　「每個生命對愛都有自己的選擇。愛，是自由的。我選擇對自己的愛誠實，也容許那個女孩在愛裡有自己的選擇。不管她愛我，還是不愛我，為了這份愛，為了我所愛的人，我都會成為一顆美好的太陽。」

　　太陽的心，一下子沸騰起來。

　　「原來，我需要的，只是踏踏實實地盡到自己的本分，做好自己該做的，完成自己該完成的。蛇不也這樣說過嗎？命運會改變，縱然前世所發出的心念和作為會影響今生，但只要學會自己該學的，今生也會隨著自己的心念，蛻變成嶄新的樣子。」

　　安住在今生、安住在內在的光裡，自己給自己力量，就能重新創造自己。太陽終於豁然開朗，決定重返天際，去完成他本來做為太陽的天職。

可是，當他回到天際，從天上往下一看，卻嚇了好大一跳。

花兒謝了，樹木枯了，失去太陽的大地黑漆漆的，冷得像冰庫，一片死寂。太陽緊閉著雙眼，覺得好內咎、好難過。過去在愛裡的痛苦、傷心和逃避，關閉了他對地球的愛。愛的執著，像一層硬殼，遮蔽了他的光芒。望著女孩緊閉著門窗，失去了笑顏，他突然明白自己該怎麼做。

他知道自己的光還在，只是過去陰暗灰沉的心念，封閉了自己的光。他告訴自己，所有的一切都是他閉鎖的心念造成的，而今他要做的，只是重新打開自己，在內心創造新的流動，更新細胞記憶。太陽深深地吸一口氣，讓自己的力量充飽，再緩緩吐出第一口氣，透過氣息把力量帶到每一個細胞。

接著，太陽緩緩地吸了第二口氣，慢慢地、深深地，比第一口氣還深地進入他的生命底層，感覺自己整個心都敞開，挺直了腰桿，觸及內在的本體，進入底層寧靜的光。他提醒自己，雖然外在的自己有高低起伏變化，內在的自己卻仍然安住在寂靜的光裡沒有改變。他是太陽，也是內在的光，唯有觸及內在的本源，才能生出真正的能量，療癒自己、療癒大

地。

　　太陽緩緩吐出第二口氣，感覺這個時時在波動的自己被內在寂靜的光包覆著、撫慰著。剛開始，只觸及一點點，但他不斷反覆地吸氣、吐氣，讓內在底層的光，慢慢地擴大，直到他的心底慢慢恢復平靜，一股很深很寧靜的愛從內在的底層自然湧現，和他交融成一體，長出新的力量。

　　太陽從內而外，透射出新的光芒。他輕輕地喚醒沉睡的小草，又暖暖地，用光撫觸憔悴的小花。小草揉揉眼睛，重新發芽了；小花伸展了身子，綻放了美麗的容顏。

　　太陽的心底，有個地方也跟著被喚醒了。或許過去的他也一直沉睡著，不知如何愛自己、愛周遭的一切，甚至只是孤單地掛在天上，毫無自覺地放出光芒，只是履行工作。或許表面的光是溫燙的，內在的心卻是冷漠的。

　　太陽沁出懺悔的眼淚。他再一次深深地吸了一口氣，觸及內在真正的自己，再緩緩地吐出內在的氣息，撫慰過去的自己。「噢，沒事的，是過

去的記憶發出的光波擾動了現在的自己。」他深深地吸氣，再一次給自己力量，告訴自己，每一刻的自己都在流動、變化，更新自己。他要用現在的自己，發出新的波動和心念，重新創造自己，回到內在的光屏，顯現新的樣貌。

他反覆地吸氣、吐氣，直到再次觸及內在的寂靜。心定了，知道自己要怎麼往下走之後，他緩緩地、溫柔地，伸出光的觸角，一面往外，和更深更遠的大地重新連結，一面又不由自主地，微微用觸角，輕輕打著節拍。這是第一次，他發自內心，自己主動地，想為大地唱一首歌。他知道，過去的他一直沉浸在自己的愛情，忽略了地球其他的生命，他依然感到一絲絲愧疚。

剛開始，他壓低聲音，小聲地唱，有點不好意思。但他想起月亮說的話，不管有沒有人看見他、了解他，他的光一直都在。

「我能給的，不只是愛情。除了愛情，我還可以給出更寬更廣的愛。」太陽自己鼓舞自己，生出新的勇氣，慢慢提高聲調。聽到歌聲的小蟲，鑽出洞來，跟著太陽一起合唱。太陽和小蟲唱的歌，越唱越大聲，越

唱越有力量，一聲一聲地，敲在大地的心版上。

　　更多小動物、小鳥探出頭來，跟著光中跳躍的音符，上上下下，左右搖擺，一起和太陽舞動著。大地甦醒了，萬物蹦蹦跳跳，重新恢復了生機。

　　太陽全身上下漲滿了喜悅。他的眼界打開了，他看到的，不只是萬物被自己的光包覆著，也看到萬物的內在都閃耀著一層光輝，和他連成一體。

　　這種難以言喻，發自真心的喜悅，是過去太陽不曾擁有的。他的愛，因為找回自己的光而放大了。他愛所有的人，愛所有的大樹、花兒，和不起眼的小蟲、小草。

　　當然，也包括那個他一直深深愛著的女孩。

太陽的光，緩緩地移到他所愛的女孩身上。他的心，怦怦地跳著。他知道，他一直都是愛著她的。不管她愛不愛他，他都知道自己會一直深深愛著她。他對自己的愛誠實。

　　就像第一次，遇見那個女孩，太陽用柔柔的光，遠遠地在天上，一路追隨著女孩，直到那個女孩抵達家門；就像之後的每一天，他從天際跳出海面上，在每日的清晨，等待那個女孩推開門，用暖暖的光呵護那個女孩，給她全心全意的愛。一切都如常，一切都沒改變，就如同他最初遇見她給出的愛一樣。只是太陽變得不一樣了，他不會再想從女孩的身上多得到什麼了。儘管他還是不知道為什麼會如此深深愛著一個女孩，這份愛究竟是怎麼生出來的？可能是愛情，也可能是比愛情更寬一點的愛，抑或是來自生命底層原本就是一體的愛。不管是那一種愛，那一點都不重要了，他只想靜靜地守護她，希望她幸福，重展過去的笑顏。

　　終於，那個女孩，輕輕推開家門，走出了門外。這是她上次差點被太

陽的光灼傷後，再一次和太陽相遇。太陽的眼睛閃著淚光，他想說聲抱歉卻又不知如何表達。或許再說些什麼好像都顯得多餘，現在這一刻，他只想靜靜地愛著她、守著她、陪著她。

　　女孩抬起頭，看著天上的太陽，潔淨的臉龐，露出笑顏。她的眼底和太陽一樣，閃動著淚光。那淚光，在太陽光下，晶瑩剔透地閃耀著一種記憶的光輝。

　　太陽的耳邊，傳來女孩的話語，像是從很深很深卻很熟悉的地方傳來的：
　　「我……一直在等你……我……終於等到你了。」

致謝

　　這是淑文出版的第九本書，其中在圓神（方智）出版的書，每一本的形式與內容都不同。

　　二○○八年，第一本散文：《最長的辭職信》。
　　二○○九年，第一本採訪寫作，雲門流浪者計畫：《趁著年輕去流浪》。
　　二○一一年，第一本親子教養書：《媽媽的讀心術》。
　　二○一六年，第一本心靈療癒書，提出療癒六個步驟：《人生難免會有傷》。
　　二○二○年，第一本長篇小說：《所有相遇，都是靈魂的思念》。
　　二○二三年，第一本圖文書，靈性寓言短篇小說：《太陽與生命之樹：愛的覺醒之旅》。

　　感謝圓神（方智）編輯團隊，大膽讓我嘗試這麼多的第一次，讓我在每一本書展現創意和突破的企圖心。感謝寫作以來，讀者朋友給我的回饋

和支持，以及這本圖文書的插畫家貓魚願意一遍又一遍聆聽我創作的初衷和理念，以女兒為雛型，畫出動人的插畫，增加這本書的可看度。

感謝我的媽媽和家人，常常關心我創作可以走多遠。感謝我的先生和兒子女兒一路陪伴我、相信我、支持我走到現在。

當我遇到挫折，擔心自己走不下去時，我常常會想起這一路走來，這些愛我的、美好的容顏。我總會提醒自己，我們這一生來到這個世界，就是為了這些美好活著，為了愛活著。

感謝這個世界給我的一切。

註：P.6的圖收錄於二〇一一年出版的《媽媽的讀心術》。

作 者 簡 介

黃淑文

心靈繪畫老師、色彩諮詢師、YAI國際靜心引導老師，並為部落客百傑「文學創藝類」金牌獎得主。

臺南人，臺南女中、臺灣師範大學地理系畢業，任職國中教師7年，被形容為「叛逆學生最愛的老師」，作品獲臺灣創造思考教學優異獎。因為養育兩個孩子，重拾兒時當作家的夢想，2005年辭去教職，成為專職作家。

2013年，帶著20年前任教時，保留的一張學生14歲時所繪櫻木花道的插畫，到監獄探視該生後，發願終身成為受刑人的老師。

為了完成西藏長篇小說，用兩年半的時間完成11萬個大禮拜，並在西藏薩嘎達瓦佛月，親自到釋迦牟尼佛前，用大禮拜環繞大昭寺八廓街一圈，於2020年出版獻給讀者的生命之書：《所有相遇，都是靈魂的思念》。教育部‧國家圖書館評此書為「透過文字療癒心靈，是激勵讀者靈性成長的小說」。

著有《太陽與生命之樹：愛的覺醒之旅》《所有相遇，都是靈魂的思念》《人生難免會有傷》《在愛裡活著》《媽媽做自己，孩子就能做自己》《最長的辭職信》《趁著年輕去流浪》（雲門流浪者計畫）《骷髏與金鎖：魏海敏的戲與人生》《媽媽的讀心術》。其著作文稿，多篇被編入大學和高中國文教科書，做為生命教育與自我探索的讀本。

作品集結於《桂花樹網誌》和《康健雜誌》網站（名家觀點專欄），並在社區開設心靈直覺色彩工作坊。

臉書粉絲專頁：黃淑文心靈書房　　　　　　instagram：黃淑文
YouTube：黃淑文　　　　　　　　　　　　臉書社團：黃淑文的心靈課程

繪 者 簡 介

貓魚

插畫工作者，最喜歡的載體是繪本。

畫畫時喜歡什麼都來一點，實驗媒材的可能性。

最喜歡貓的肚子與狗的鼻子。

希望自己能持續創作溫暖有力、反思生命的作品。

最喜歡的一段話來自星野道夫先生：「我們生活中最重要的環境之一，就是圍繞在人類身邊的豐富生命。牠們的存在不僅療癒了我們，更重要的是，牠們也讓我們理解，人類究竟是什麼。」

畢業於臺灣大學哲學系，作品曾入選2015豐子愷圖畫書獎、2019波隆那插畫獎、2022臺北國際書展首獎、2022金鼎獎。近年的作品有《怪獸媽媽》《祕密小兔》《發光的樹》《大力士女孩》等繪本。

愛的練習簿

請參閱作者所著《所有相遇，都是靈魂的思念》
和《人生難免會有傷》中的六個療癒步驟。

讓愛重新流動

最近有沒有因愛發生衝突的事件呢？

1.將過程以藍筆寫出來。

2.圈出關鍵點（可能是一句話或某個導火線）。

3.用紅筆做一些修正，或想想怎麼做會更好呢？

或許有些事情很無奈，無法改變，但還是可以道歉，做一些解釋、送一束花、請吃一頓飯、送個小禮物，或說說自己的苦衷，讓自己和對方有一個善意的流動。

把愛勇敢地說出來

你覺得自己可以給出什麼樣的愛呢？

對象是誰？（親情、友情、愛情）

你會採取什麼行動？讓對方感受你的愛意。

國家圖書館出版品預行編目資料

太陽與生命之樹：愛的覺醒之旅/黃淑文著.
-- 初版.-- 臺北市：方智出版社股份有限公司，2023.10
120 面；20.8×19.8公分 --（自信人生；185）

ISBN 978-986-175-760-5（平裝）
1.CST：人生哲學　2.CST：愛
191.9　　　　　　　　　　　　　　　112013645

圓神出版事業機構　　　方智出版社　Fine Press

www.booklife.com.tw　　　　　　　reader@mail.eurasian.com.tw

自信人生　185

太陽與生命之樹
愛的覺醒之旅

作　　　者／黃淑文
插　　　畫／貓魚
發 行 人／簡志忠
出 版 者／方智出版社股份有限公司
地　　　址／臺北市南京東路四段50號6樓之1
電　　　話／（02）2579-6600・2579-8800・2570-3939
傳　　　真／（02）2579-0338・2577-3220・2570-3636
副 社 長／陳秋月
副總編輯／賴良珠
主　　　編／黃淑雲
專案企畫／賴真真
責任編輯／林振宏
校　　　對／林振宏・歐玟秀
美術編輯／李家宜
行銷企畫／陳禹伶・蔡謹竹
印務統籌／劉鳳剛・高榮祥
監　　　印／高榮祥
排　　　版／莊寶鈴
經 銷 商／叩應股份有限公司
郵撥帳號／18707239
法律顧問／圓神出版事業機構法律顧問　蕭雄淋律師
印　　　刷／國碩印前科技股份有限公司

2023 年 10 月　初版
2024 年 1 月　3 刷

定價 420 元　　　　　ISBN 978-986-175-760-5